悩みコクフク! 子育てBOOKs ❶

遊び上手はしつけ上手

赤ちゃん篇

辻井　正

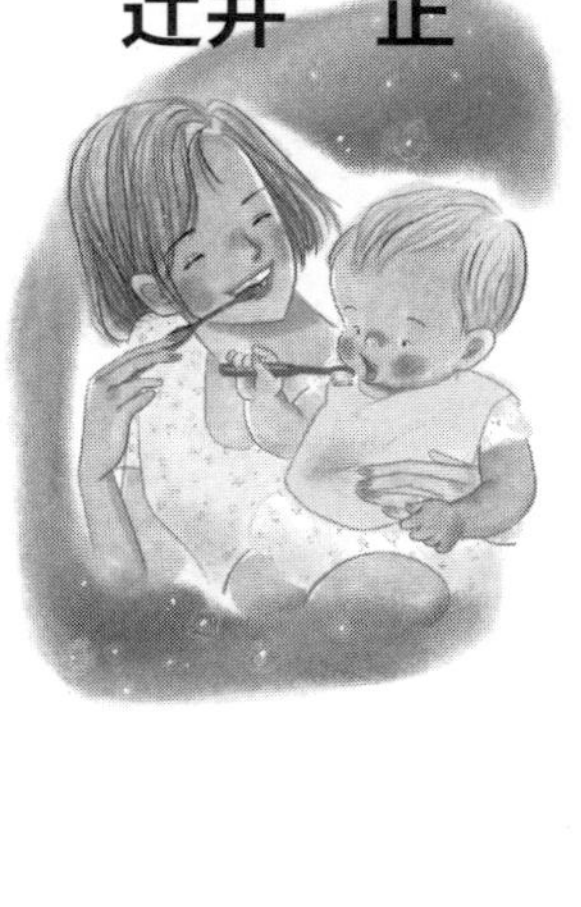

オクターブ

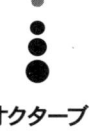

◉目次

はじめに

●安心感を与える母親になる

生まれるとき赤ちゃんは、我々が想像する以上に強烈な刺激の嵐のなかにすべりだしてきます。考えてもみて下さい。感覚、音、匂い、そして光といったあらゆるものが、いちどに赤ちゃんを取り巻くのです。赤ちゃんは、まだ、自分という存在そのものすら分かっていません。自分の泣き声が自分の体の中から聞こえてくるのか、それとも外から聞こえてくるのかといった区別すらできません。ですから、誕生間もない赤ちゃんには強い刺激を与えすぎない配慮が大切です。しかし驚きや空腹による不快な感情が、母親に優しく接してもらうことで心地よい感情に変化することを、繰り返し経験させてあげると、赤ちゃんは強い安心感を獲得します。また、多くの母親にとっても初めて親になる体験を得るわけですから、乳児期は親子が互いに影響しあいながら学習する時間といえます。学習とはこの場合は赤ちゃんと遊ぶことです。遊びをあまり義務としてとらえずに、リラックスして気長に遊んであげて下さい。この遊びを繰り返すことで、赤ちゃんが今何を要求しているのか、おっぱいなのか、抱っこなのか、それともおむつが濡れているのかが、次第に分かってくるようになります。またそういうなかで、赤ちゃん自身も生活の流れ［しつけ］を身につけていくのです。本書で私が意図したのは、赤ちゃんと親密な関係を築き、基本的な信頼を得ることが、赤ちゃんが生活のルールを身につけていく基礎づくりになるということです。これから貴方の赤ちゃんがハイハイからよちよち歩き、幼年期から、少年期を経て大人になっていくなかで、親子関係が揺れることはたくさんあります。そういうときしっかりした親子のつながりの基礎があれば、大事にいたることは少ないといえましょう。赤ちゃん期はそういう意味でも、楽しく遊ぶことで、しぜんとしつけの基礎ができてくる大事な時期なのです。

●赤ちゃんにも個性があります

赤ちゃんは全て同じようなスタートラインから出発しているように見えますが、ひとり一人を観察してみると実に著しい違いがあることが分かります。ベッドに寝かせてもまったく動く気配を見せない赤ちゃんもいれば、ベッドの頭の方ににじり寄ったり、横の柵の方に自然と寄って行く活動的な赤ちゃんもいます。報告によると、新生児で自動的な反射の動きで寝返りをした例も見つかっています。

二つ目は筋肉の緊張度の違いです。ある赤ちゃんは緊張度が非常に高く、ひざを伸ばしたままで腕は体を閉じるように曲げているし、手のひらは固く閉じられています。それと反対に全身がフロピータイプ（フニャフニャした感じの筋肉）の赤ちゃんもいます。

三つ目は感覚運動的なコントロールの違いです。ちょっとした物音や光に対して、強く反応してビクッと驚いたような姿勢をする赤ちゃんもいれば、大きな音に対してもうまく適応したり、自分の手を口に持って行ったり、手を開いたり閉じたりして上手に自分の体の運動神経をコントロールできる赤ちゃんもいます。

このように筋肉の緊張度が高かったり、周囲の物音や光に過剰な反射を示す赤ちゃんは、自分の体のコントロールが下手で日常生活のリズムも良くないために、しばしば親を困らせます。時には産婦人科医や小児科医から「緊張が強すぎる」と診断されるかも知れません。しかしこれはこの時期の赤ちゃん独特の発達的な姿ですから、丁寧な応答や安心感を与える接触の仕方で赤ちゃんは大きく変わります。

一般に、どの赤ちゃんも母親に抱かれたり、柔らかい毛布に包まれると安心しますが、時には、しっかりと抱きしめてもひっくり返るような動きをみせる赤ちゃんもいます。このようなタイプの赤ちゃんは、カバーを掛けずに畳の上に寝かせて置く方が安心するようです。赤ちゃんが気持が良いと感じる運動は、まったくひとり一人が違うのです。

●赤ちゃんのリズムを感じてあげる

誕生の最初の月は、母子が互いに相手に事を知る時間に当てられると考えてもいいでしょう。特に母親に気をつけて欲しいことは、赤ちゃんが自分で自分のリズム感を作り上げられるように、目覚めと眠りの調整に気を配ることです。赤ちゃんがじっと瞬きもせずに、空中を見詰めているような時は、音や母親の顔の変化に注目をして、あらゆる情報を取り入れようと努力しているのです。このような時こそ赤ちゃんとのコミュニケーションをしっかりと取れる時間です。しかし余りにも強い刺激は赤ちゃんにストレスを感じさせ、逆に情報を取り入れることをあきらめさせてしまうために、赤ちゃんが休む時間を大切にしてあげるべきです。もし、赤ちゃんが口をすぼめたり、手を握り締めたり、足首を曲げるしぐさをしている時は、変化を望んでいる証拠ですから、休みを与えたり、時には刺激を与えてください。

赤ちゃんの一日はじっとなにかを見詰めているか、うとうと眠ることに費やされますが、時には、生活のリズムがうまく作れなくて、騒ぎ立てる赤ちゃんがいます。そういうとき親は抱きかかえたり、背中をさすったりして、赤ちゃんをすぐなだめようとしますが、大きな声を出して泣かせてあげることも大切なのです。なぜなら、赤ちゃんは泣くことによって、緊張を解き放つとともに、泣き騒ぐ自分の行動が許されていることを知るからです。ただ、泣いた時に優しく緊張を和らげてくれる相手が無いまま、ずっと泣き続けるような状態にならないよう注意してください。そんな時赤ちゃんは泣き止んでから、次に静かな時間に入るリズムを見失ってしまうのです。

●赤ちゃんは貴方の人生のパートナー

私が行なっている赤ちゃん相談日に、「赤ちゃんが好きになれない」という訴えが増えてきました。ときにはムカッとして叩いてしまったと、強い罪悪感にうなだれるお母さんもいます。なぜムカッとしたのかをたずねると、「なぜぐずつくのかわからなくて」という答えが圧倒的です。出産後の女性はホルモンの大きな変動のために、心身ともにバランスをくずす人が少なくありません。また職場復帰への不安や仕事をやめてしまったことにたいする挫折感などに苦しみ、赤ちゃんを世話することに苦痛を感じるお母さんも多いようです。しかし赤ちゃんは貴方の所有物でもマスコットでもありません。お母さんと別の人格をもつ貴方の人生のパートナーです。そのことをきちんと理解したうえで、気楽に楽しくつきあってあげましょう。昔から、赤ちゃんは3本のへその緒でつながれている、といわれてきました。1本は母親からの栄養をとりこみ、2本目は排泄物を母親に送り返し、そして3本目は神様が赤ちゃんに贈り物をするためのもの、だそうです。遊びは神様が母親と赤ちゃんに与えてくれた贈り物なのです。

1か月目

赤ちゃんはなぜ泣くの

赤ちゃんはしばしば手足をばたばたさせて大声で泣きます。これはお腹がすいているか、機嫌が悪い証拠でもありますが、同時に自分の意志を伝えようとする手段なのです。ときには、あやしたりおむつを替えたりしても一日に数回、20分から30分からだを震わせて泣き続けることがあります。特に母親を困らせたり、憂うつにさせるのは、夕方一番忙しくなる時刻に、火がついたように泣き続ける赤ちゃんです。これは母親の疲れが最高に達したのを赤ちゃんが敏感に感じとると同時に、父親の帰宅が期待感と興奮をもたらし、赤ちゃんを不安定にさせるためです。少々の努力でも泣き止まないために、母親のイライラと疲労もいっそう大きくなります。このような時には、赤ちゃんが泣くことをそれほど深刻に思わず、また泣いている、というくらいに考えることです。泣く行為は、赤ちゃんに新しい精神的な緊張状態を経験させる、発達的に必要なことです。泣き叫んでも母親にしっかりと受け止めてもらえることで、赤ちゃんは安心してゆっくりと外の世界に対応出来るようになります。赤ちゃんの生活の第一歩が始まるのです。

［習慣としつけ］

母乳を与えるとき、自然に交互の胸でおっぱいを飲ませますが、哺乳ビンで飲ませるときは、飲ませる位置を左右に変えることで、赤ちゃんは異なった方向からものを見つめる力をつけ、頑固な生理的反応から抜け出し、柔軟なものの見方になって周囲に関心を広げます。また柔らかな布地のカバーを被せると、赤ちゃんは哺乳ビンを触ることに親しみをもちます。授乳を嫌がるようなタイプの赤ちゃんには、これも遊びのひとつだと教えてあげるのです。鮮やかな色のついたテニス用の靴下を利用するとよいでしょう。

また赤ちゃんをしっかりと腕の中に抱いてあげましょう。不安がらせずに時々抱き方の姿勢を変えてあげます。お母さんの胎内でしきりに動いていたのですから、赤ちゃんは動くことが大好きです。怖がらない程度にゆったりと揺らしてあげると、もっと楽しいようです。

さあ、遊びましょう！

1. ママを見てごらん

赤ちゃんを向かい合せに抱きます。そしてお母さんの顔を左右に動かして、赤ちゃんがお母さんの顔の方に視線を向けるように声をかけます。ゆっくりとハミングや歌をうたってあげると、いっそうお母さんの声に反応してくれます。

2. モビールを見てごらん

ベビーベッドの上にモビールを吊り下げてあげます。なるべくシンプルな形をしたものが良いでしょう。赤ちゃんが数秒間、じっと見つめるくらいの高さに合わせて吊り下げます。ときどき吊り下げる位置を左右に交換して、赤ちゃんの興味を引き付けてください。

3. きもち、いいですか

赤ちゃんの手足に、柔らかな刷毛やコットンの布ボールなどで、やさしく刺激を与えてあげます。赤ちゃんは外部からの柔らかい刺激を通して、自分の体に対する感覚を養います。

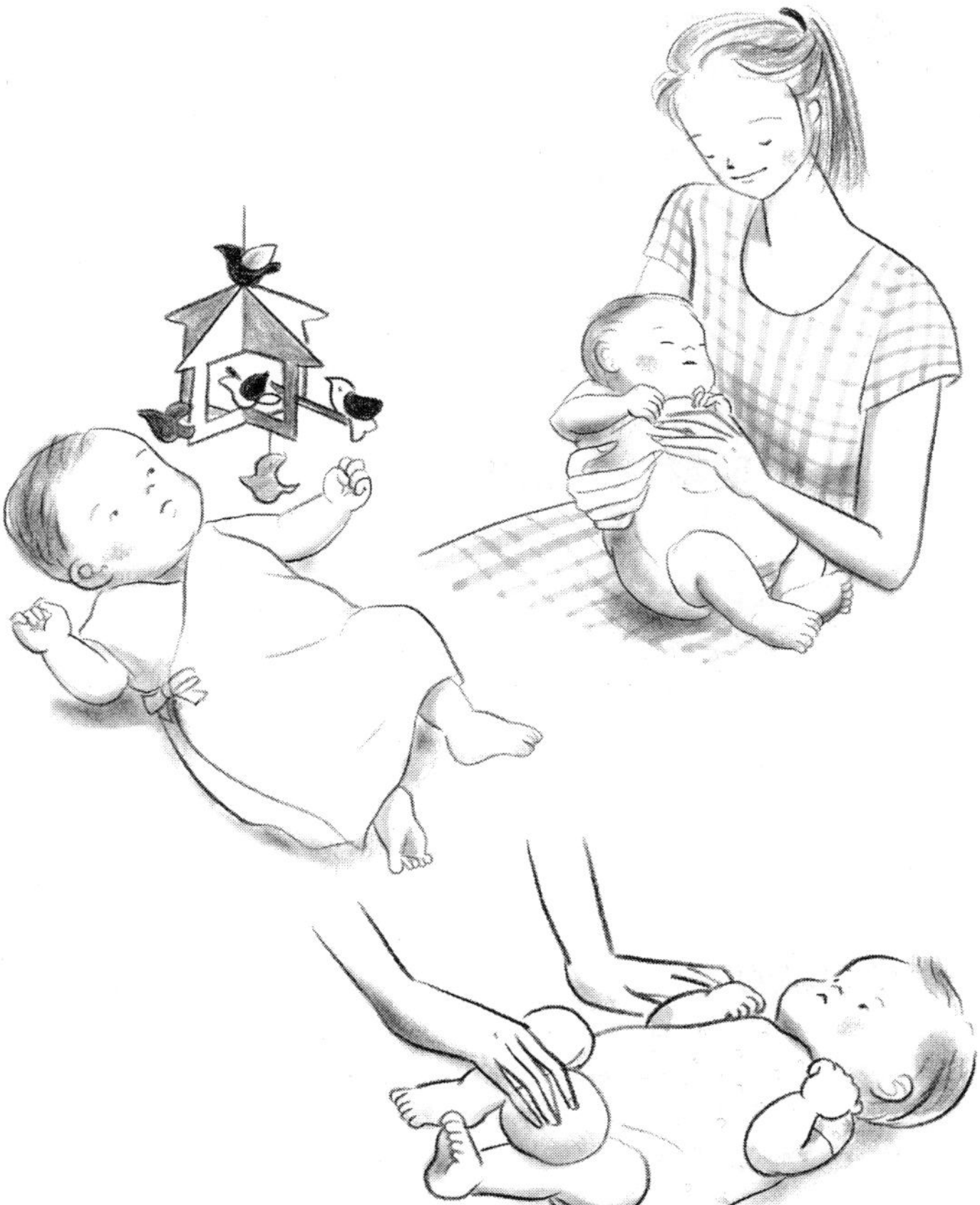

4. あー、いいにおい

柔らかいコットン布地を、小さなボールのように丸め、オレンジやバニラや軽いオーデコロンの匂いをつけて、赤ちゃんに違った匂いの刺激を与えてあげます。

5. まねをする遊び

生後2～3週間した頃、赤ちゃんと顔を向かい合わせて、口をすぼめたり、舌を出したり入れたりすると、赤ちゃんはあなたのまねをします。世話をしてくれる親しい人への愛着は、静かな落ち着きのある赤ちゃんに育てます。

6. リズム遊び

お母さんが仰向けに寝て、胸の上に赤ちゃんを抱いてあげます。そして、ゆっくりとからだを左右に動かしながら赤ちゃんにリズム感を与えると同時に、お母さんの心臓の音を聴かせてあげてください。

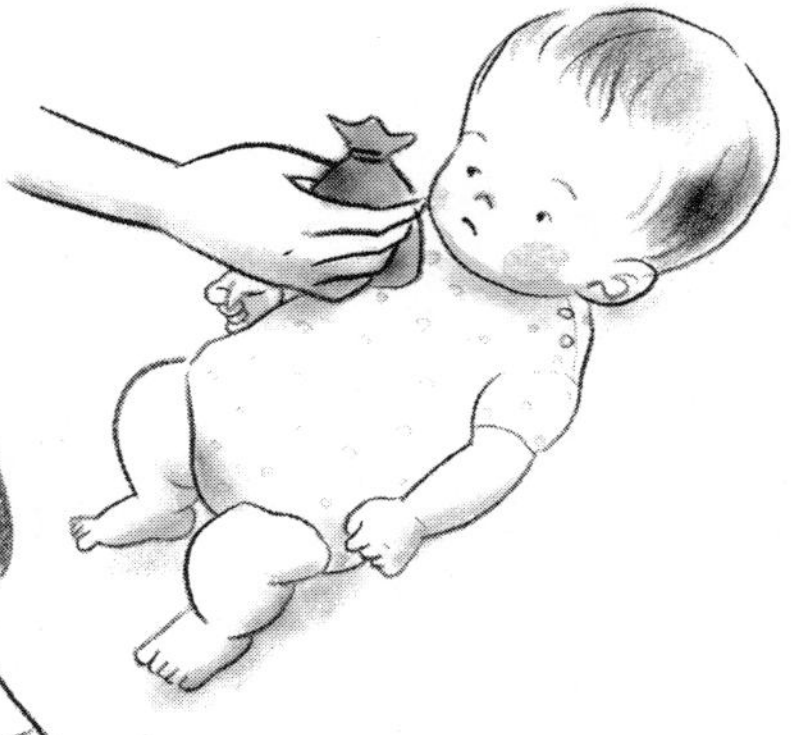

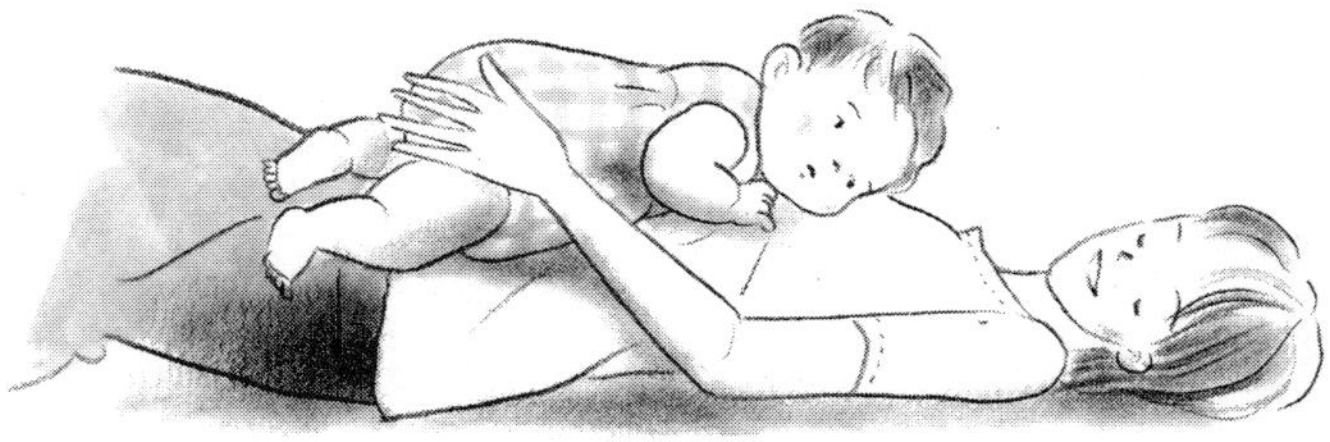

父親の役割

生まれてまもない赤ちゃんは、ママやパパの顔を見分けることは出来ませんが、声の響きで判断出来るようです。そしてパパが相手の時のほうがリラックスしています。なぜなら、ママが赤ちゃんの相手をする時は、おむつや授乳といった仕事（世話）になりますが、パパは純粋なお遊びの相手という気楽さが、赤ちゃんをゆったりさせるようです。それが赤ちゃんのママとパパの見分けにつながるのです。

［パパと遊ぼう］

赤ちゃんをうつぶせに寝かせて、パパが後ろから赤ちゃんの両足をやさしく持ち上げて、自転車をこぐように動かしてあげます。

おもちゃの選び方・与え方

［はじめてのおもちゃ］

美しく磨かれた木の輪に、鮮やかに彩られた小さなリングがついた、

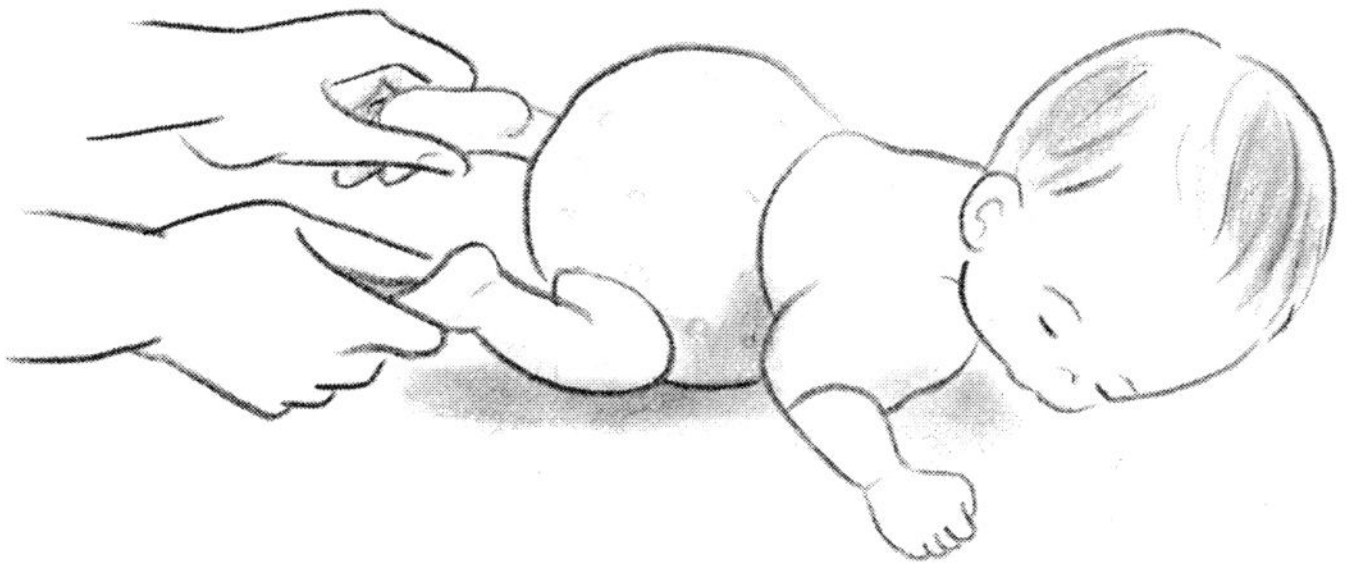

おもちゃ。ちょうど母親の腕に子どもたちが抱き抱えられているようなイメージです。赤ちゃんの視覚はまだ充分な働きをしていませんが、ときどきじっと見つめるような眼差しをしていることに気がつきます。ぼんやりとものを見ているような不思議な目の赤ちゃんに、このおもちゃはどのように映っているのでしょうか。

選び方のコツ：シンプルなデザインの中にも、赤ちゃんが注意を向けるような、鮮やかな色がポイントとしてついているもの。

安全性：赤ちゃんの肌を傷つけな

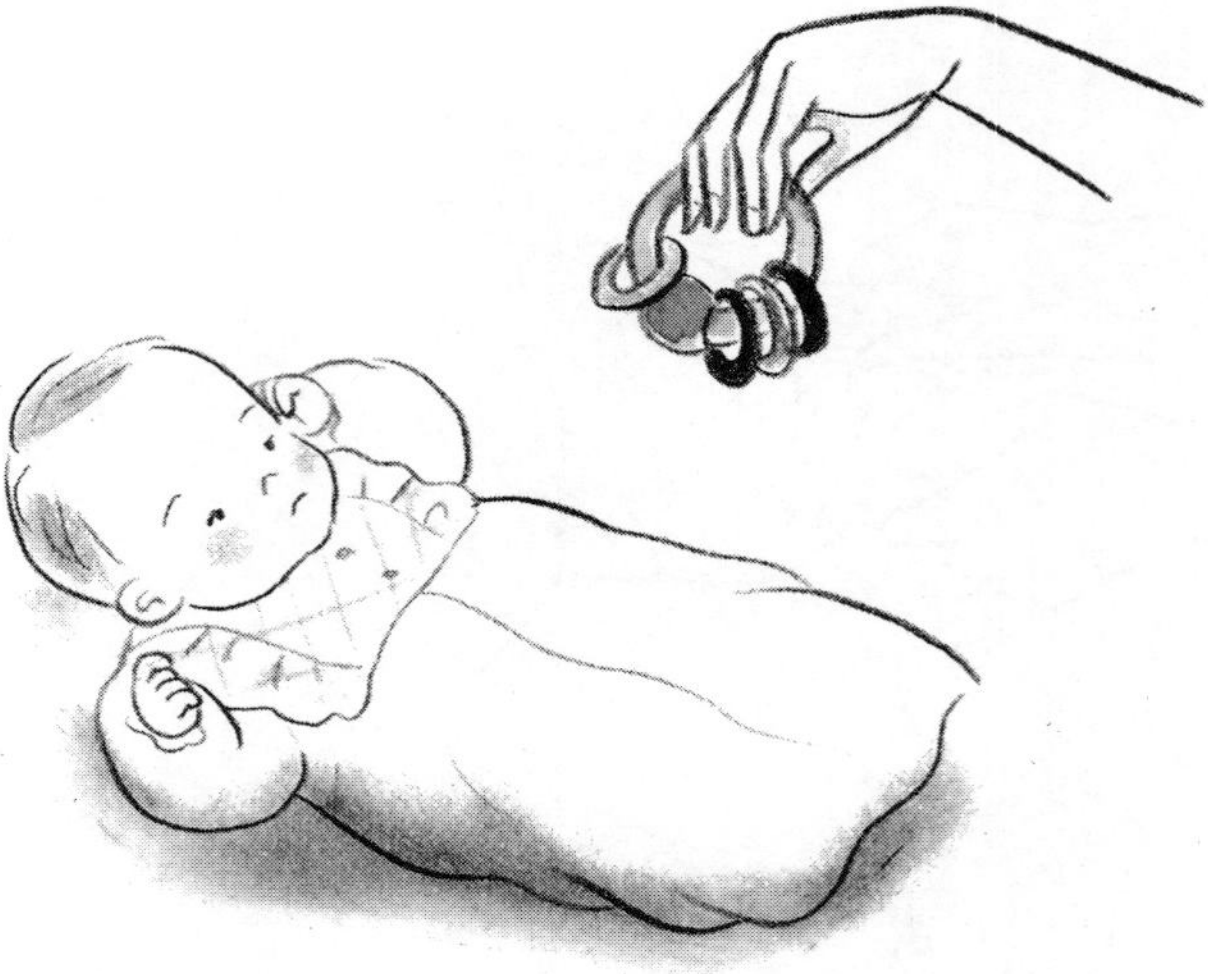

いように磨かれている、木製かプラスチック製のもの。

遊び方：おもちゃを吊るせるようにひもをつけて、赤ちゃんの顔の近くに近づけたり、離したりして、赤ちゃんの眼差しが落ち着くところで止めます。次に赤ちゃんの手や足にやさしく触れて刺激します。

2か月目

赤ちゃんから離れることも必要です

まだ赤ちゃんは、目の前の人や物を充分に見分ける力がありません。ちょうど列車の窓から外の景色を見るように、目の前に色々な物が現われては消えていく状態です。しかし声の響きや世話のされ方で、相手を見分ける力が付いてきています。母親以外の人に声をかけられたり、あやされたりすると嫌な顔をしたり泣き出す赤ちゃんもいます。うとうと眠っていても、自分の近くにいる両親の声や動作を敏感に感じているのです。そのため、赤ちゃんが両親と同じ部屋で眠ると、赤ちゃんに親を意識する時間が多すぎて、充分な睡眠を妨げるという考え方もあります。日本では、添い寝や、親子川の字になって寝る習慣がありますが、赤ちゃんがちょっと泣いただけで飛び起きてしまう母親も多く、これでは親子とも疲れはててしまいます。たとえ、狭い部屋でも親子が離れて寝るような工夫はできないものでしょうか。しかし寝ている赤ちゃんのそばで、テレビがついているような家庭では、落ちつきの無い神経質な赤ちゃんが育ってしまいます。過剰な刺激を避け、赤ちゃんが自分の力で時間の流れを感じるようにさせることが、落ち着きのある安定した精神状態の子どもに育てる条件です。

［習慣としつけ］

ベッドや横の壁に柔らかな布地またはボールのようなものを吊るして、おむつを交換しているときにさわって遊べるようにしてあげます。親に世話をしてもらうことが楽しいと思う事が、親子のコミュニケーションの秘訣です。イタリアの保育園でおむつ交換のとき、頭のうえにある鏡をみながら赤ちゃんが機嫌良く世話されているのが、印象的でした。

またおむつを取り替えたあとや、お風呂あがりに赤ちゃんの両手を合わせたり、閉じたりして遊んであげて下さい。短い時間でも赤ちゃんに話しかけながらの体操は、赤ちゃんの心にお母さんをはっきり取り込みます。

さあ、遊びましょう！

1. すてきな腕輪

赤ちゃんの片方の腕に、鮮やかな色のついた赤ちゃん靴下を利用して腕輪にしてあげます。ときどき左右を取り替えます。腕を動かすたびに赤ちゃんは自分の手や動きに関心を持ちます。この時期の赤ちゃんは自分に手や足があることにまだ気づいていません。からだ全体がおおきなかたまりのように感じているのです。

2. 楽しい顔と悲しい顔

ベッドの横に大きなシンプルな顔だけ描いた紙をつるします。表にはニコニコ顔、その裏にはやや悲しそうな顔の絵を描きます。はじめは楽しい顔の絵をみせてあげます。しばらくして悲しそうな顔に変化させます。顔の変化は赤ちゃんに注意力を持続させるのです。楽しい顔の絵にはクックッと喉をならすようなときもあります。

3. 触れるおもしろさ

色のはっきりした包装紙を新聞紙の半分くらいの大きさに切って、リボンで赤ちゃんの寝ている胸元近く、手が届く距離に吊るします。しばらくすると赤ちゃんは手を伸ばしてその紙にふれようとしだします。

4. 赤ちゃんによびかける

赤ちゃんの寝ているところから、すこし離れて声をかけます。ときどき場所を変えて声をかけると、赤ちゃんの反応が増えてきます。赤ちゃんがおとなしすぎるようなときには、呼びかけを増やしてあげてください。言葉への関心はまず、親しい人の声に反応することから始まるのです。

5. ガラガラおもちゃ

赤ちゃんの手にガラガラを握らせてあげます。手を握っているときには、無理に開こうとはせず、親指だけを軽く開いてあげると、残りの指も自然と開きます。ガラガラをもたせると、振ったり、時には口にいれたりして遊びます。ガラガラにかぎらず手ににぎらせるおもちゃは安全で、赤ちゃんの肌や顔をきずつけないようなものを選ぶこと。左右交互ににぎらせることを忘れないでください。

6. ボールに乗ってゆーらゆら

空気の入った柔らかいボールの上に、赤ちゃんをうつぶせに寝かせます。赤ちゃんが不安を感じないように両脇を支えて、前後にゆらしてあげます。赤ちゃんが体を緊張させているようなら、さらにゆっくりと揺らして体から緊張がとれるようにしてあげます。

父親の役割

赤ちゃんにはすでに感情の交流の力が充分に備わっています。ぐずついたり、泣いたりして不機嫌なとき、ゆったりと赤ちゃんに話しかけたり、微笑んであげると、ニコニコと機嫌のよい赤ちゃんになることが、心理学の実験で証明されています。赤ちゃんを上手になだめるのが不得意なお母さんを観察すると、忙しくて他のことに気をとられていたり、焦って赤ちゃんの気持ちを受け入れるだけのゆとりがないようです。それだけに帰宅後のお父さんが赤ちゃんと遊ぶだけで、お母さんは心のゆとりがもてて、ぐっと楽になります。

［パパと遊ぼう］

赤ちゃんをまっすぐ抱いて、高く持ち上げては、下に降ろすというアップダウン遊びをくりかえします。視線の変化が赤ちゃんを楽しませます。「高い、高い」「低い、低い」と声をかけてやると、赤ちゃんはいっそう喜びます。

おもちゃの選び方・遊び方

［はじめて手を使うおもちゃ］

なぜ赤ちゃんはしきりに口に手をいれるのでしょう。歯固めをしていると昔からいいますが、歯がはえて来るには、まだ早いようです。もしかすると自分に手があるのを確かめているのかもしれません。赤ちゃんの口の感覚は目や耳の代わりをするぐらい敏感なのです。

選び方のコツ：かるく触るだけで動くような小物がついたもの。赤ちゃんに持ちやすい大きさと軽さ。

安全性：角がなめらかに処理され、

赤ちゃんの指や肌を傷つけないもの。使われている塗料は食品と同じ安全性のもので、木製またはプラスチック製が望ましい。

遊び方：まだしっかりと握ることはできませんが、おもちゃを手にふれさせると、ときどき偶然につかむことがあります。しだいに自分で握る力がつくように、繰り返し手にふれさせます。

3か月目

記憶の始まり

赤ちゃんの扱いがぐっと楽になります。泣き声で何を要求しているかがわかってきますし、赤ちゃんの方でもしきりに声を出したり、微笑んだりして世間的な交渉をもちたがるようになってきます。

この時期の大きな変化は、ベッドに寝かせると頭を持ち上げたり、背中を支えてお座りをさせたりすると、頭をまっすぐに保つことができるために、赤ちゃんの視野が大きく広がることです。またイナイナイバーをすると、大きな声を出して全身を震わせるようにして喜びます。またお母さんの顔が見えたり隠れたりする事に興味を持つのは、赤ちゃんが心の中で数秒間の間でも、お母さんの顔を記憶することができるようになったからです。これまでの声の響きや周囲の雰囲気に反応していた段階から、視覚の記憶という新しい質的変化が赤ちゃんの脳神経のなかで始まりだしたのです。それだけにテレビを見ながらとか、他の人と話しながらおっぱいを飲ませることは、赤ちゃんの欲求不満を募らせるばかりです。また赤ちゃんは自分の意志で手を口にもっていくことができます。これまでのように反射的に手を口に近づけるのとはちがい、手を口に入れた後は満足そうな顔をしています。これは自分の手だ、というからだに対する意識が芽生えだしたためです。心理学者はこれを「ボディーイメージ」と呼びます。自分の体を探検することが自己への信頼感となり、母親以外の世界に関心を広げ、ひとりで静かに遊び時間をもてるようになるのです。

［習慣としつけ］

育児に意欲をなくすお母さんがいます。その理由のひとつは、世話することで、見返りを期待しすぎるためです。赤ちゃんがおかあさんの気持ちに応えてくれないように思えると、母親は失望します。しかしお母さんと赤ちゃんの個性や性格は同じものではありません。赤ちゃんとの相性が合わないように思えるときには、その赤ちゃんが好きなおもちゃを見つけてあげるのが、赤ちゃんとうまくやっていくテクニックです。おとなしく静かな赤ちゃんには、見て楽しめるようなおもちゃを与えます。騒がしく動き回る赤ちゃんには、動かして遊ぶおもちゃをベッドの側においてあげてください。

さあ、遊びましょう！

1. 時計で遊ぼう

目覚し時計を赤ちゃんの目の前に見せ、チック、タックと音がリズミカルに鳴るのを聞かせてあげます。時計のようなリズミカルでしかも心拍数に近い音に、赤ちゃんは安心してじっと時計の方を見つめます。

2. 赤ちゃんとおしゃべり

赤ちゃんを膝の上に寝かせて、向かい合う姿勢をとります。そして、赤ちゃんに話し掛けますが、声の調子をやさしく、たかく、ひくく、時に笑いかけるように、さまざまな声のリズムを聞かせてあげます。あなたの声の調子に合わせて、赤ちゃんはブツブツと声をだして話し掛けてきます。幾度も赤ちゃんの名前を呼び掛けて、おしゃべりをしてください。

3. ボールをキック

風船のような柔らかいボールを吊り下げて、赤ちゃんの足でボールを動かしたり、蹴るような遊びをさせます。ボールが足に触れるようにすれば、足でボールを動かそうとします。

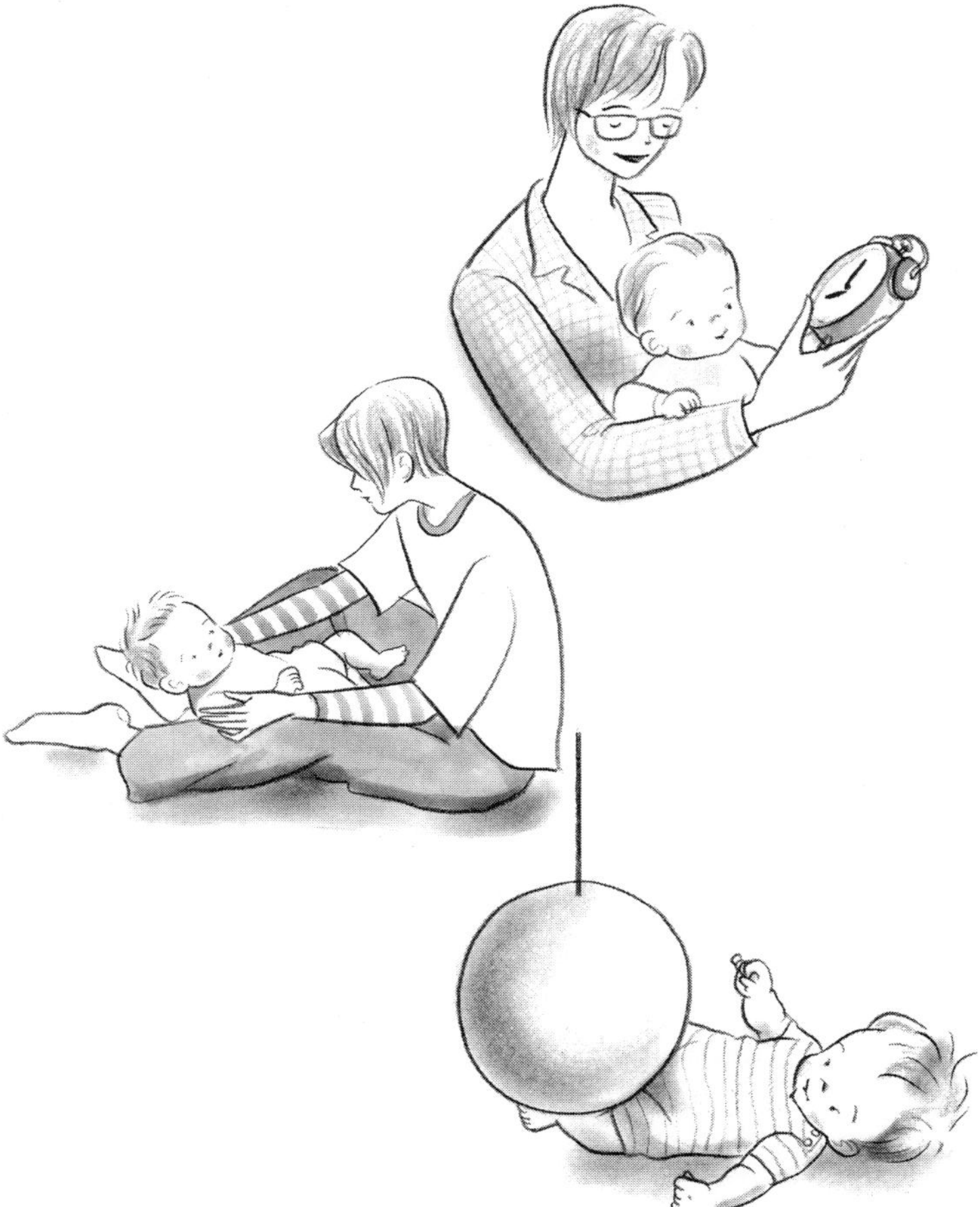

4. 吊り下げおもちゃ

ベビーベッドの上におしゃぶりやガラガラおもちゃを、赤ちゃんの手が届くところに吊り下げてあげます。また、左右からひもに通したおもちゃを吊り下げて、触らせます。自然と赤ちゃんは両手を使ったり、おもちゃの動きに関心をもちます。

5. 前進！

赤ちゃんをうつぶせに寝かせて、お母さんは赤ちゃんの足の方に座ります。そして、お母さんの手のひらに赤ちゃんの足を包み込むようにして、前方に押してあげますが、畳やカーペットの上でやってあげると、赤ちゃんは楽に前の方に全身を動かします。これはハイハイ運動をする大切な準備運動になります。

6. ボールコロコロ

うつぶせに寝かせた赤ちゃんの目の前に、ボールのような鮮やかな色のついたおもちゃを置いて、赤ちゃんに呼びかけます。赤ちゃんが頭を上げて、おもちゃに目を向けたら、それらをゆっくりと左右に動かします。赤ちゃんは目をそれらのおもちゃの動きに合わせ移動させると同時に、両手も動かしています。目と手の動きが協力し合う遊びです。

父親の役割

赤ちゃんと遊んであげるのが母親の仕事という「世間の常識」のために、母親は過度にその責任を感じて、遊んであげなければいけないと自分を責める傾向があります。責任感の強い母親は、しばしば遊ぶことに拒否反応をもつことがあるので、赤ちゃんはそれを敏感に感じ取って母親に反応することが少なくなり、悪循環が起こってその後の母子関係が難しくなります。お父さんが赤ちゃんと遊ぶ時間を持つことは、母親の責任感を軽くしてあげる最良の贈り物なのです。

[パパと遊ぼう]

お風呂に入ったとき、湯船の中に小さなボールを浮かべて、赤ちゃんがそれに気がつくように動かします。手で触れさせてあげることで、柔らかなものと固いもののちがいやボールの動きに目を向けさせます。

おもちゃの選び方・遊び方

［はじめてのおしゃぶりおもちゃ］

木の玉の集まりが、まるで子どもが輪を作って遊んでいるようなイメージです。握る練習や、口に入れて感触を楽しむおもちゃです。口から得る感触は赤ちゃんにとって独特な心地よさを感じさせるとともに、限りない安心感を与えているようです。赤ちゃんも口に手やおもちゃを入れているときは、さも満足しているような顔をしているのに気が付きませんか。

選び方のコツ：口に入れやすい大

きさと、手でつかみやすいデザイン。

安全性：口や手を傷つけない仕上げと、食品と同じ安全性のある色彩をもっているもの。

遊び方：赤ちゃんの顔近くでおもちゃを振って、おもちゃの動きや音に関心をむけさせます。そして手に触れるように近づけて、おもちゃを握れるよう助けてあげます。

4か月目

家族の一員になる

多くの赤ちゃんはこの時期になると、しっかりと固形物を食べることが出来るようになります。それは食事が家族と一緒に出来ることを意味します。この時間を通して赤ちゃんに家族の一員だという意識が芽生えてきますから、なるべく家族と一緒に食べる習慣をつけてください。またお母さんにとって赤ちゃんが正常に発達しているのか、気になる時期です。そんなとき赤ちゃんを抱き上げて鏡を見せて下さい。赤ちゃんが鏡に映る自分の姿を興味深く見つめるなら、あなたの赤ちゃんは正常な発達を遂げています。しかし、鏡の中に写るお母さんの顔に戸惑う赤ちゃんもいます。自分がよく知っているお母さんの顔が二つあることを理解出来ないからです。もし鏡の方に関心を向けなかったり、二つのお母さんの顔に戸惑うような様子を見せるようでしたら、赤ちゃんに幾度も話し掛けたり、イナイイナイバー遊びを通して、赤ちゃんが振り向いたり、お母さんの顔をじっと見つめるようにはげましてあげます。

[習慣としつけ]

赤ちゃんは次第におっぱいやミルクに集中する時間が短くなり、指や手をなめたり、お母さんの服を触ったりして、他のことに気を取られるようになります。しかも、口に含んだミルクを吐き出したり、まわりを汚したりすることが多くなるために、清潔好きなお母さんはなおさらイライラします。しかしこれは赤ちゃんが外の世界に興味が出てきた証拠なのですから、授乳時間を短くして回数を増やす等の工夫をして、この時期を乗り切ってください。また赤ちゃんと家族のきずなが作られる時期です。いろいろなことに反応を示すようになり、固形物も食べられるようになって、食事の時に赤ちゃんと会話をするよいチャンスです。話し掛けると喉をクークーと鳴らしたり、声を上げてから、再び食べ始めます。家族と一緒の食卓に赤ちゃんを座らせて、雰囲気に慣らすようにすると、赤ちゃんの食事に対する適応力がでてきます。そして赤ちゃんは、自分が家族の一員として受け止められているという信頼感を獲得することで、「理由なき泣き声」をあげたり、母親をイライラさせるような動きは少なくなり、お母さんにとっても赤ちゃんを世話することが楽しいものになります。

さあ、遊びましょう！

1. おしゃぶりおもちゃ

清潔で安全なおしゃぶりおもちゃを与えることで、赤ちゃんは手に物を握ることを覚えます。手の働きが活発になり、おもちゃに手を伸ばしたり、引き寄せたりしますが、手につかんだおもちゃは、決まりきった儀式のように、必ず口にもっていきます。これは自分以外の物を確かめるためにしているのですから、危険な物でない限り大目に見て上げて下さい。

2. ボール遊び

最近の赤ちゃん研究によると、生まれて2週間目には色を見分け、2か月頃には明暗に反応することが分かって来ました。4か月頃になると見る能力はすべて備わってきます。また、遠くの物を見る力ができて、目の動きに従って頭を回転させて、見たい方向に目と頭を向けることができます。赤ちゃんの目の前でボールを転がして、その方向を赤ちゃんがみつめるようにさせてください。

3. 発見―イナイナイバー

イナイナイバーにはいくつかの方法がありますが、ひとつは赤ちゃんの目を見詰めて、しばらくしてお母さんの目を手で隠したり、見せたりする方法です。もう一つの方法は、お母さんが大き目のスカーフを頭からかぶり、スカーフを取る瞬間バアーと声をかける方法です。

4. おもちゃを持ち替え、できるかな

赤ちゃんが手に触れたものを握ることができるようになると、いつのまにか、そのおもちゃをもう一方の手に持ち替えています。これを繰り返すことで、赤ちゃんはそれぞれの手が別物であることを知り、自分と周囲の物の距離感や、物がある空間を理解することができます。赤ちゃんの目の前で、お母さんがおもちゃの持ち換えをしてみせてあげてください。

5. 赤ちゃん、貴方の足はどこですか

あおむけに寝ている赤ちゃんの片足に、色彩のはっきりした靴下をはかせます。そしてその靴下をはいた方の足を、赤ちゃんの顔に近づけてあげます。赤ちゃんがその靴下の色に気がついて、自分の足をじっと見詰めてから、足に手を伸ばしてつかもうとすれば、遊びは成功です。

6. ぬいぐるみで遊ぶ

持ちやすく柔らかで、抱きしめたり口に入れると気持ちのいいぬいぐるみは、多くの赤ちゃんが大好きなおもちゃです。そのうちにこれまで全面的にお母さんに寄せていた感情を、ぬいぐるみに向け始めますが、これは決して心配する事ではありません。ぬいぐるみに感情を移すことで、徐々に母親からの分離を順調に行っていると考えて下さい。いつまでも母親だけに依存した育ち方をしている赤ちゃんは、絶えず母親を求めるために、母親を精神的に疲れさせてしまう危険性があります。ぬいぐるみに感情を移すことができる赤ちゃんは、平素から母親にたっぷりと愛情を与えられている証拠なのです。

4か月目
家族の一員になる

父親の役割

　このごろの若い親は、赤ちゃんをかなり早い時期から外出に連れ出しています。カラオケボックスやファミリーレストランで赤ちゃんを連れた夫婦を見かけますが、この頃の赤ちゃんには騒がしい大人の社交世界は刺激が強すぎ、家に帰ってから興奮が冷めずに大声で泣き叫んだり、一晩中眠らない赤ちゃんもいます。母親も同じように外出で疲れ果てた状態で赤ちゃんを世話するために、母親がいらだって赤ちゃんを乱暴に扱う場面も見られます。ここが父親の出番です。子どもと遊んであげることで、母親のイライラを軽くしてあげてください。

［パパと遊ぼう］

　赤ちゃんをうつぶせに寝かせ背中をお父さんの指先でやや強く押してあげます（赤ちゃんの体を傷つけるような指輪などは外し、爪も切っておきます）。そうすると赤ちゃんは両腕でベッドや畳を突っ張るようにして頭をもちあげます。これはお腹や背中の筋肉を強くし、しっかりとお座りをするために必要な筋肉運動です。

おもちゃの選び方・遊び方

［さわったり、動かしたりするおもちゃ］

ベッドや乳母車に吊り下げます。赤ちゃんがおもちゃに触れると木玉が動いたり、鈴の音が鳴ったりします。赤ちゃんは目の前にあるものが動くことで、その方向に注意をむけるだけでなく、手を伸ばそうとします。視覚でとらえるだけでは充分に確認できないのでしょう、手の助けも必要としているのです。

選び方のコツ：赤ちゃんの指先や手首が、さまざまな方向に動かせるような工夫がほどこされているもの。
安全性：付属の道具がはずれたりして、赤ちゃんが小物を口にいれる危険性のないしっかりしたつくりのもの。
遊び方：ベッドにつるしたおもちゃを、赤ちゃんに声をかけながら、動かします。赤ちゃんがその動きを見つめるようでしたら、手を差し出すことも教えてあげてください。

5か月目

自分の手でなにができるのか

赤ちゃんの動きが活発な時期がやってきました。腰や胴がしっかりとして、かなりの時間椅子に座って遊びます。そうなると、これまで以上に手を使うことが便利になってきます。赤ちゃんは目覚めている時間の大半は手を動かしたり、自分の手を見つめています。もし、おもちゃが手の届かないところにあると、赤ちゃんはおもちゃをじっと見詰め、それから自分の手を開いたり、閉じたりするでしょう。そして、自分の思い通りにならないことがわかると、かんしゃくを起こして怒りの感情を現わします。手が自由に使えるためには、しっかりとおすわりが出来て、重い頭をコントロールする力が必要ですが、これはその後の赤ちゃんのあらゆる動きに必要な力だけに、椅子にもたれておすわりをさせて、赤ちゃんに目の前のおもちゃを取る練習をさせてあげます。

そのいっぽうで赤ちゃんは そろそろ言葉の練習も始めています。成長の早い赤ちゃんは、しきりに言葉を出そうとします。まだ言葉を発しない赤ちゃんは、周囲の物音に敏感で、じっと聴くことに注意を傾けています。母親との絆が本格的に強くなるときですが、離乳の準備に入ると（働く母親の場合はもっと早いかもしれません）、赤ちゃんが胸から離れた空虚感に寂しさや罪意識を覚えて、母親が赤ちゃんをかまいすぎることがあります。しかし赤ちゃんには母親の胸から離れて世間のいろいろなことに関心を広げ、手足を使って自由にふるまう（保育園に預けることで母親以外の人との関係作りをする）機会でもありますから、自分の不安感の代償として過保護にならないでください。

［習慣としつけ］

離乳の準備とともに、赤ちゃんは固いものを口に入れる練習をしなければなりません。固形物を口に入れるということは、赤ちゃんにとって体内に異物が侵入してくるような異和感を感じることのようです。それだけに、固形食を食べることに失敗すると、食べることへの拒否反応を引き起こす赤ちゃんもいます。固いものを口に入れる前に、赤ちゃんの口の周辺をお母さんの指先で刺激をしたり、「お鼻、お耳、ほっぺ」とリズムを付けて軽く叩くような遊びをすることで、口の中に固いものを受け入れる用意をさせます。

さあ、遊びましょう!

1. 鏡のなかのあの子はだあれ

鏡は赤ちゃんにとって大切な意味を持ち始めます。最初は鏡のなかの自分にとまどったり、鏡の後ろをのぞき込んだりしますが、そのうちに鏡の中の自分を見つめたり、微笑んだりして、自分自身を発見するようになります。手鏡などをもたせて遊ばせてください。

2. おもちゃのイナイイナイバー

5か月目の赤ちゃんにとって、目の前にないおもちゃは、この世にないのと同じです。それが手で繰り返しておもちゃを触り、つかむことで、おもちゃを実感をもって理解し始めます。おもちゃの上に大き目のハンカチを被せ、おもちゃの一部が覗いているようにして、ハンカチをとり、おもちゃがちゃんとあるのをみせる遊びをしてあげてください。

3. 寝返り遊び

朝早くから、赤ちゃんはベッドの中で動き回り、人を呼び求める声を出すことが、両親を悩ませ、母親がイライラして赤ちゃんを思わず感情的に叱り付けることもある頃です。一つの解決策として、赤ちゃんが仰向きになって、自分の手足を相手に機嫌良く遊ぶような習慣をつけて上げたり、昼間の運動として寝返り遊びをたくさんしてあげることで、赤ちゃんをおとなしくさせる効果があります。赤ちゃんをゆっくりころがしてあげたり、シーツのうえに乗せてシーツを引っ張ってころがしてあげます。

4. ゆさぶり遊び

赤ちゃんをボールの上に乗せて、ゆっくりと揺さぶってあげます。ボールに乗ることで、重力が軽減されるので、赤ちゃんはリラックスした状態になります。活発な赤ちゃんはゆさぶりにあわせて喜んで動き、神経質な赤ちゃんは自分のからだの動きを感じ取ることで、ゆさぶりに安心感を抱きます。ゆっくりと赤ちゃんを怖がらせないように揺さぶってあげて下さい。

5. どっちがお好き

そろそろ赤ちゃんは、人の顔を見分ける力がついて来ました。次のような遊びをしてあげると、赤ちゃんの認識力はいっそう確かなものになって来ます。大人の顔と同じ大きさの画用紙の両面に笑っている二つの異なった顔を描き、うちわの両側にはります。そして声をかけながらながら交互に赤ちゃんに見せます。どちらの顔に、赤ちゃんは喜んで反応をするのでしょうか。

6. 浮き輪で遊ぶ

水泳で使う浮き輪を膨らませて、その中に赤ちゃんを座らせ、腰のまわりにおもちゃや、手に取りやすい清潔なタオルを置いてあげます。赤ちゃんは手を左右に動かして、体をひねるような運動遊びを始めます。例え、遊びの最中に倒れても柔らかいチューブが赤ちゃんを守ってくれます。

父親の役割

赤ちゃんが乱暴に振る舞い始めるこの時期に、父親が辛抱強く赤ちゃんと遊ぶことで、赤ちゃんは父親に対して強い信頼感を抱きます。それが子どもの独立心に役立つと、心理学者は考えています。母子という絆を超えた魅力をお父さんはもっているのです。

［パパと遊ぼう］

お父さんの膝の中に赤ちゃんの足をを入れるようにして、仰向けにした状態から赤ちゃんの両手を引き上げます。この時、急に両手を引っ張りあげると、肩や肘が傷つくようなこともありますので、必ず、「さあ、いち、にい、さん」と声をかけてから引っ張りあげます。そして、再び元に戻して、また、同じように引っ張りあげる遊びを繰り返します。

おもちゃの選び方・遊び方

［はじめての体操遊び］

仰向けに寝た赤ちゃんが両手を伸ばして遊んだり、そろそろお座りができるようになった赤ちゃんが遊べるようなおもちゃがあります。動くこと、これが赤ちゃんの大切な仕事です。動くことで赤ちゃんはまわりのものを理解しようとします。遠くの物より近い物のほうが、見るだけの物より触ることもできる物のほうが、理解が楽なのです。

選び方のコツ：動きがシンプルで乱暴に扱っても壊れないもの。

安全性：丈夫に作られているもの。

遊び方：仰向けで寝ている状態のときは、手が届く距離に近づけて遊ばせます。また足元に置いてあげると、上手に足でおもちゃをけったり、動かしたりします。又お座りをした状態でまわりに座布団を敷いて遊ばせて下さい。

6か月目

お母さんのイメージを貯える

遊ぶことがなぜ大切かといえば、「赤ちゃんの心にお母さんのイメージを焼きつけるため」です。赤ちゃんの両手で、自分の顔を隠すようにさせ、それから手をどけ、赤ちゃんに顔を出させて、お母さんが驚いたようなしぐさをすると、キャッ、キャッと大声を出して喜びます。この遊びを学んだ赤ちゃんは数週間もすると、おむつを自分の顔に当てて、まるで顔を隠しているかのように、足をバタバタとさせて喜ぶようになります。このように赤ちゃんはお母さんと遊ぶことによって、大好きな人のイメージをしっかりと記憶し、感情的に安定した時間をもちます。イメージを確保すると、お母さんがそばにいなくても、短時間なら一人で過ごすことが出来るようになります。なぜなら、お母さんは決して消えてしまわないことを覚え、さびしくてもお母さんを思い出すことが出来るからです。それにひきかえ十分な遊びを経験していないと、いつもお母さんを求める気持ちが強くなり、精神的な安定感が乏しくなって落ち着きがなくなってお母さんをイライラさせるのです。

また動きが活発になるにつれて、発声も多くなって来ます。しかも、お母さんの声に対する反応が強いだけに、赤ちゃんに話し掛けてあげることは、言葉の獲得には欠かせない要素です。時には、お母さんを驚かせるような高い声を上げる時がありますが、なにごとかと飛んでいくとニコニコと遊んでいます。これは、自分の声を聴くことを楽しんでいるのと、母親が飛んで来てくれることを確かめているのですから、腹を立てずに何度も呼びかけに応じてあげて下さい。

［習慣としつけ］

口からミルクを吐き出し、食べ物を放り出し、スプーンを投げて食卓を混乱させる赤ちゃん。清潔好きなママをいらだたせる毎日が始まります。そこで、食べるマナーを早くから覚えさせる方法に、赤ちゃんに遊びとしてスプーンをもたせてみましょう。お母さんが数回赤ちゃんの口に食べ物を入れると、時々、赤ちゃんが手にしたスプーンを口にもっていくときがあります。赤ちゃんが自分のスプーンを口から離した瞬間、お母さんが素早く食べ物の入ったスプーンを口に入れてあげると、自分で食べた、という感覚を赤ちゃんは手に入れます。

さあ、遊びましょう!

1. おもちゃにダッシュ!

腹ばいになっている赤ちゃんの、手の届かないところにおもちゃを置いて、それを取るように励まして下さい。その時、赤ちゃんの足の裏に手をかけてからだを前に押し出すように力をかけてあげます。この時期の赤ちゃんは腕と膝を上手に使って腹ばいになり、手足をバタバタとはばたくような動作をし始めます。前に進もうとしているのですが、実際は後ろにさがってしまうような動きをします。まだ赤ちゃん自身の前後の感覚は未熟ですが、ちょっと手助けをして上げるだけで、この遊びは前に進む感覚が理解できるようになります。

2. 象さんだぞうー

大きなバスタオルで腹這いになった赤ちゃんを軽く吊上げ、象さんだぞうー、ノッシノッシ、といいながら、おかあさんといっしょに前に歩かせます。赤ちゃんは間もなく肘と膝と使って四つんばいができるようになります。この遊びをすると、腕や膝の筋肉がしっかりして、安定したハイハイができるようになります。

3. 音楽遊び

しきりに声を上げ始めた頃の遊びとして、いろいろな音遊びをさせてください。音の出るおもちゃやプラスチックの空き瓶にそれぞれちがう量の水をいれ、叩いて音の違いを聞かせます。いっそう物音や人の声に関心を示すようになります。

4. さあ、どうする?

両手におもちゃをもって遊んでいる赤ちゃんに、他のおもちゃをみせて、手にとるように誘いかけます。赤ちゃんはそのおもちゃも手に取ろうとしますが、すでに両手はふさがっているのでやや困った顔をします。しかしすぐ両手にもったおもちゃを手放して、新しいおもちゃを握ります。赤ちゃんは目の前の問題を解決したのです。

5. おもちゃ発見!

音のでるおもちゃかボールで遊ばせます。充分に遊んだ頃、そのおもちゃの上から大き目のタオルをかけて隠します。おもちゃが見えなくなったとたんに、赤ちゃんは興味を失いますが、そこでタオルの上からおもちゃを動かして音を立てさせたりしてみせ、タオルを取って、赤ちゃんにおもちゃがタオルの下にあることを発見させます。このような遊びは、後に赤ちゃんが目にみえないものを心に想像する能力を養います。

6. 不思議なボール

丈夫なビニール製のボールを二つ用意し、一つには3分の1の水を入れ、もう一つには半分の水を入れます。そして、おすわりをしている赤ちゃんの目の前で、それを転がすとちょうどおきあがりこぼしのように、不思議な動き方をします。赤ちゃんの手の届くところにボールをおいて、自分でボールを転がすように促してあげます。ボールが転んだり、立ち上がったりする動きが、赤ちゃんの注意力と関心を高めます。

6か月目
お母さんのイメージを貯える

父親の役割

上の子がいる場合、赤ちゃんをまるでぬいぐるみ人形のように扱ったり、時には危険と思われるようなことをすることがあります。母親はしばしばアブナイと制止してしまうのですが、兄姉と遊ぶことで、赤ちゃんは非常に貴重な経験をしているのです。母親が食べさせても嫌がるのに、姉が与えてくれるものを素直に食べることもあります。また、おとなしい赤ちゃんには姉や兄が絵本を見せたり、ごっこ遊びをすることで社交的な力を養うことになります。お父さんにはきっと、上の子の赤ちゃんに対する乱暴な扱いも、寛容な気持ちで見つめる余裕があるはずです。

［パパと遊ぼう］

大きなシーツを床に敷きます。その上に赤ちゃんを寝かせて、ゆっくりとシーツを動かしたり、時にはからだの上にシーツを被せて引っ張ります。決して赤ちゃんを不安がらせないように、始めはゆっくりと、そして徐々に動きを大きくするに従って、赤ちゃんはキャア、キャアと声

を出して喜びます。

おもちゃの選び方・遊び方

[両手を使って遊ぶおもちゃ]

人間は道具を使って生活をします。赤ちゃん期からのおもちゃ遊びは、道具を使う準備をしている時間かもしれません。特に両手を使って遊ぶ練習は大切ですが、両手を同時に使うことは、高度な神経系の運動能力が要求されます。

選び方のコツ：簡単な操作でスムースにかつユーモラスに動くもの。

安全性：糸が切れにくい丈夫なもの。
遊び方：はじめは赤ちゃんの両手を一緒にもってあげながら登らせます。うまく赤ちゃんができなくて嫌がるようなら、無理に遊ばせないで下さい。時期が来れば、しぜんとできるようになります。

7か月目

動き回る

多くの赤ちゃんはこの頃からハイハイ(四つん這い)を始めます。ハイハイは脳の高位な活動部分が刺激される運動だけに、個人差があります。ハイハイという新しい運動形態を獲得するために、赤ちゃんは両腕、両脚をまるで四本の支柱のようにゆらゆらさせて、からだを維持しながら幾度もお稽古をします。2、3週間もすればたいていの赤ちゃんは自分の意志通り前に進むことができます。ある日、お母さんは赤ちゃんが突然にベビーベッドの端につかまって、立ち上がる姿を目にするでしょう。ハイハイをすることで、赤ちゃんが歩くために必要な運動神経を成熟させていたのです。自分の意志で立ち上がろうとする赤ちゃんには、何か安全でつかまりやすい物を用意してあげて下さい。しかし、無理に赤ちゃんを立ち上がらせようとすると、脚の筋肉の成長やバランス感覚を損なう恐れがあります。この新しく獲得した運動能力は、将来一人で歩行するため、また自分を取り巻く環境を理解するために欠かせないものです。同時に家の中を自由に動き回ることは、危険なものに出会うことも意味します。タバコの吸い殻、洗剤などを口にしないよう、また電気のコンセントに舌や濡れた指で触らないように、カバーをつけるなどして下さい。また赤ちゃんが自分の性器を触って遊んでいる姿をしばしば見かけますが、性器は耳や鼻、口以上に敏感なところです。無理に止めさせようとすると、性器が赤ちゃんにとって特別な意味をもち、かえってひどくなることもあります。赤ちゃんが情緒的に安定するように、刺激のある遊びを与えると、自然と性器への執着はなくなります。

［習慣としつけ］

母親と赤ちゃんの間に起こる大きなトラブルは食事です。機嫌良く食べてくれれば母親は安心するのですが、食べるのを嫌がると「私の作ったものがまずいのでは」と、子育てに熱心なお母さんほど責任を感じます。無理やりに口に入れたり、だましだまし口を大きく開けさせたり、閉じた口にスプーンを入れるようなこともありますが、結果的にはいっそう悪くなります。もし、赤ちゃんが食べることに抵抗するようなとき、赤ちゃんをひとりで食べさせ、お母さんは台所で仕事をするのも一案です。お互いの緊張関係がほぐされて、案外と問題は解決するものです。

さあ、遊びましょう!

1. おもちゃをつかまえろ

赤ちゃんが四つんばいになったら、そのちょっと前におもちゃをおきます。そしてそっと赤ちゃんの足の裏に手をあてて、押してあげます。

2. ハイハイ途中でおもちゃをどうぞ

赤ちゃんがハイハイをしているときに、おもちゃをみせます。赤ちゃんは、一瞬、戸惑いますが、3本の手足でからだを支え、片手でおもちゃを取ります。赤ちゃんの運動神経をいっそう活発にするとともに、バランス感覚を養う遊びです。

3. お母さんの手作り絵本

古くなった雑誌から大きな絵、例えば、電話機、犬、飛行機、バス等、を切り取って、カレンダー等の裏の白い紙に一つの絵を貼り付けて、絵本を作ります。市販のカラフルな絵本も良いですが、この時期の赤ちゃんには現実的な写真のような絵を選んで下さい。そして、赤ちゃんを膝に抱いて、お母さんの即興のお話を聞かせてあげます。

4. おもちゃでポン

赤ちゃんは長い間おすわりをして遊べるようになり、手もずいぶん器用になりました。赤ちゃんの前に、金属かプラスチックの缶をおいて、手にしたおもちゃを放す遊びを教えます。落とすと音が出るので赤ちゃんは何度も繰り返します。手に握ったおもちゃを自分の意志で放す行為は、赤ちゃんの脳の働きと、手の運動がお互いに協調し合って来た証拠です。将来、例えばハンマーで叩く等の動作に必要な遊びです。

5. ポストボックス遊び

知育玩具と名づけられたおもちゃをよく見かけますが、その意味を分かりやすく教えてくれるおもちゃに、ポストボックスがあります。これは正方形の箱の上に丸、四角、三角などの穴が開けられ、その形に合う積み木を穴から入れるおもちゃです。箱の中に積み木を入れたら、それが中に入っているのを確かめるためには、ふたを開けるか、箱の横についている扉を開けない限りわかりません。大人にすれば入っているのが当たり前ですが、赤ちゃんは見えないおもちゃは無くなったと考えます。目に見えないが箱の中にはおもちゃがある、という理解の積み重ねを知育といいます。

6. どっちにあるのかな

両手を赤ちゃんの目の前で開いて、片方の手のひらに小さなおもちゃをのせます。そして両方の手を閉じて、赤ちゃんにどちらの手の中におもちゃがあるか見つけさせます。手の中に隠されたおもちゃも、必ず現れてくることを教えるのです。しばしば、赤ちゃんはおもちゃが見えなくなると興味を失いますが、そのようなときには、手を開いておもちゃを見せてあげます。

父親の役割

夕方玄関のチャイムが鳴ったり、ドアを開ける音がしただけで、バア、バア、時には早熟な赤ちゃんはパア、パアと言葉を出します。ドアの音でお父さんを連想する力が備わって来たのです。お父さん、帰宅したときに赤ちゃんが目覚めていたら、抱き上げて話しかけてあげてください。母親は出産と同時に自然に母になり、父親は意識することで、父になるといわれるように、早くから子どもとの関係を築いておくことが大切です。

［パパと遊ぼう］

大きめのトレイにヨーグルトをいれて、赤ちゃんに手先でいたずらさせて下さい。幼稚園でフィンガーペインティングと呼ばれている遊びです。砂場で砂が手につくと泣き出す子どもが増えているなかで、自然の素材に触れる感覚遊びが大切と保育の先生方は言っています。

おもちゃの選び方・遊び方

[モビール]

赤ちゃんが寝ている場所は騒がしいテレビの音やきつい電気の光は避け、静かな落ち着いた空間が理想的です。頭のうえにシンプルにデザインされたモビールを飾ってあげてください。見上げるといつもおなじ形のおもちゃが見えることは、お母さんの顔とおなじくらいに赤ちゃんに安心感を与えます。

選び方のコツ：シンプルなもの。けばけばしい飾りのついたもの

や、電動じかけで動くものは避けましょう。

安全性：万一赤ちゃんの顔のうえに落ちても、安全な軽いもの。

遊び方：動かすたびに赤ちゃんに声をかけて下さい。吊るす場所を一定にすると、赤ちゃんの頭はいつも同じ方向に向いてしまいますから、ときどき位置をかえましょう。

8か月目

探索と発見

赤ちゃんは目覚めている間中、いそがしく動き回ることに費やしています。ハイハイできるようになると、お母さんについてどこへでも行きます。しかしお母さんとしては赤ちゃんの思うように動き回るのを禁止する場合もあり、赤ちゃんのイライラが募ることもあります。また動き回って遊ぶことが、知能の働きにも大きな影響を与える時期だけに、お母さんとのバランスをとった遊びが重要になります。赤ちゃんはまた食卓からコップをわざわざ床に落としたりして、お母さんのイライラを募らせますが、これは落としたものを拾ってくれる人がいるという信頼があるからです。赤ちゃんの行為のすべてに意味があることは分かれば、お母さんの気持ちもだいぶ楽になるはずです。

またベッドの端を持って、懸垂をするような格好で、お尻を後ろに突き出して立とうとし、片手を放した瞬間、再び尻餅をつくことを繰り返します。立つことができるようになっても、今度はお座りが問題です。座ろうとするとき、背を伸ばして両手を緊張させて真後ろに倒れてしまう赤ちゃんもいますから、周りにはマットか座布団を敷いてあげましょう。お母さんが、片方の膝に赤ちゃんをすわらせ、赤ちゃんと同時にゆっくりと膝立ちをすると、お母さんの胸にもたれながら赤ちゃんは安心して立つことができます。これが十分にできるようになれば、次に、お母さんと赤ちゃんが向かい合って、赤ちゃんの両手を持って、自分の力で立つようにはげまします。お座りのときには同じようにお母さんの膝にすわらせ、赤ちゃんの腰を支えてやや前傾気味で腰をおろさせます。赤ちゃんを不安がらせぬようにゆっくりと遊びながら、繰り返して下さい。

［習慣としつけ］

赤ちゃんの身勝手にみえる振舞いが目につき始めますが、本人にとっては、目標にたどりつくまでの合理的な行為なのです。もし赤ちゃんがなにかを欲しいとき黙って指さしを繰り返すなどお母さんに頼り過ぎるとしたら、今まで過保護だった為かもしれません。そういうときは無関心を装うことも、赤ちゃんが自分の要求を自分で満たすチャンスにもなります。しかし勿論赤ちゃんの能力で解決できない場合は、さっと手助けをしてあげます。

さあ、遊びましょう！

1. 頭の上の帽子

赤ちゃんの頭の上に帽子をかぶせます。赤ちゃんはその帽子を取ろうとします。帽子を取ったら、再び頭にもっていこうとします。帽子を頭から取ったままだったら、赤ちゃんに帽子をかぶるように促します。このような遊びの中から、赤ちゃんに頭があることに気付かせるとともに、手の使い方も教えます。

2. 車が通る

赤ちゃんを床に腹ばいにさせて、腰のあたりを軽く持ち上げるようにすると、両手で自分のからだを支えようとします。からだをしっかりと支えられたら、赤ちゃんの腰を両手でかかえながら、自動車ですヨー、ブーブーといいながら、からだ全体を前に押し出してあげます。すると、赤ちゃんの片手が前に出ます。もし、赤ちゃんが怖がって手を前に出せないようなときには、両手を床につける遊びで充分です。この遊びは両方の手足を同時、または交互に動かすという高度な運動神経を発達させます。

3. シーツの上のおもちゃ

おすわりをしている赤ちゃんの前にシーツを敷いて、手の届かないところにおもちゃをおきます。そして赤ちゃんにシーツを取って（或いは、ひっぱって）おもちゃを取るようにはげまします。赤ちゃんは自分でシーツをひっぱることでおもちゃが動くという、原因と結果の意味を悟ります。またシーツの中にすっかりおもちゃを隠して、それを見つけ出す遊びもさせてください。

8か月目
探索と発見

4. ハンマー遊び
赤ちゃんに木のスプーンかおもちゃのハンマーをもたせ、使い方を実演してあげます。赤ちゃんが叩くことを覚えたら、床の上にアルミの皿、プラスチックのコップ、雑誌等を置いて、叩くとそれぞれの音や感じが違うことを理解させて下さい。

5. おもちゃのお引っ越し
おもちゃがいくつか入っている箱と空の箱を、赤ちゃんの目の前におきます。そしてひとつずつおもちゃをもういっぽうの箱に入れさせます。この時期の赤ちゃんは複数という意味を学び始めているのです。

6. アップ、ダウン遊び
お母さんの伸ばした膝の上に赤ちゃんをすわらせます。そして膝を折り曲げて高くして、赤ちゃんのからだを持ち上げ、赤ちゃんをゆっくりと左右に揺さぶるようにスイングしてあげます。また急に折り曲げた膝を伸ばしたり、膝を開いて赤ちゃんのお尻が落ちるような遊びをします。赤ちゃんは喜ぶとともにからだのバランス感覚とコントロール力を養います。

8か月目
探索と発見

父親の役割

赤ちゃんに二つの窓から人の顔とボールを短時間見せると、ボールに関心を持つ赤ちゃんと、顔の方に興味を持つ赤ちゃんとに分かれます。前者はおもちゃ遊びが得意で、顔に興味を持つ赤ちゃんは人との関係を好むと考えられます。お父さんは赤ちゃんと遊ぶ中でも、兄弟ひとりひとりの個性を見極めて下さい。

［パパと遊ぼう］

赤ちゃんを膝の上に向かい合ってすわらせ、胸の脇をしっかりと支えて、左右にスイングしてあげます。からだが急に傾くと、赤ちゃんの頭は体と逆に垂直に立てています。この動きを反射活動といい、転倒したときも床で頭をうつことから守ってくれる運動神経なのです。

おもちゃの選び方・遊び方

［お母さんの手づくりおもちゃ］

赤ちゃんの好きな遊びに、引っ張り出す遊びがあります。たんすから、机の引きだしから、お母さんの化粧箱から、鞄から小物を引っ張り出す姿を見かけます。このような遊びに興味をもったとき、段ボール箱を用意し、窓を開けて、そこからいろいろの紙を引っ張り出す遊びをさせてください。

作り方のコツ：手ごろな大きさの段ボール箱に小さな窓をあけ、不必要な広告紙などを入れて、それ

を取り出せるようにします。

安全性：段ボールに金具がついてないように注意する。

遊び方：窓から次々にいろいろな紙がでてくることに気づかせます。

9か月目

手助けを必要とするとき

赤ちゃんは腕と膝をつかった完全なハイハイで、自由自在に家の中を動き回ります。またひとつのおもちゃを別のところへもっていった赤ちゃんが、もうひとつのおもちゃをとりに戻る行動をするのは、記憶力が芽生えてきた証拠で、ものごとの関連性を理解し始めたことを意味します。お医者さんの診察室にはいったとたん泣き出すのは、前にきたときのことを思い出すからです。しかしこの時期お母さんの過剰な手助けは禁物です。赤ちゃんが繰り返し遊んでいる最中にお母さんが手をだすと、かえってやる気を失います。赤ちゃんが遊びを中断したときに、手をとって優しく続けるようにうながすのが効果的です。そのため日常生活のなかで赤ちゃんをしかったり、ほめたりするときも、危険や他者に迷惑をかけない限り、赤ちゃんがやり終えてから、叱る、ほめるをしてあげてください。

［習慣としつけ］

なんでも自分でやりたがる時期が始まると同時に、かなり抽象的な思考力も身につき、喜びや悲しみ、恐怖の感情を記憶するようになります。

病気で入院したときの不安な気持ちや、親に叱られた悲しみの感情を決して忘れてはいませんし、その感情が長続きすると、人見知りをしたり、親への愛着も希薄になりがちです。しかし子どもというのは、自分で解決できないような感情を遊びによって癒しているのです。親に叱られた子どもは保育園のごっこ遊びで、母親役になって人形の赤ちゃんを叱りつけ、自分の悲しみを和らげています。遊びこそが子どもの心のカウンセラーになっているのです。

さあ、遊びましょう！

1. おもちゃのかくれんぼ
赤ちゃんの両手におもちゃを握らせ、いっぽうのおもちゃをやさしく取り上げ、お母さんの後ろや座布団のしたなどに隠します。赤ちゃんはさがしにくるでしょうか。

2. 積み木遊び初級篇
単純なかたちの積み木を与えると指先で積み木をつまみ上げて、もうひとつの積み木のそばに持って行ったり、上に重ねたりしようとします。2、3個の積み木を積むことができるようになりますが、個人差がありますから、誰でも同じようにできるわけではありません。しかし積み木遊びは高さや量の考え方を学ぶための基本的な遊びですから、積み上げてはくずす遊びを繰り返させてください。

3. 触感ゲーム
赤ちゃんは感触を口で楽しみます。心地の良い感触はお母さんの肌を思い起こさせます。同様に自分の周りへの探求をしているのです。箱の中に柔らかな素材、麻布、綿、紙、布やビニールのボールを集めて、赤ちゃんに自由に触らせたり、口で確かめる遊びをさせてください。

4. 箱をひっくり返す

箱か洗い桶のように蓋のない軽いものを赤ちゃんの目の前におきます。それを赤ちゃんがじっと見ていることを確認して、数回ひっくり返してみせ、赤ちゃんにも自分でやってみるようにはたらきかけます。このような遊びから赤ちゃんは箱の内と箱の外というように閉じられた空間と開かれた空間を知ることで、空間的な認識をもち始めるのです。

5. 初めてのおままごと

赤ちゃんがコップをもって遊んでいるとき、お人形やぬいぐるみをそばに持って行き、食事をさせるように話しかけます。赤ちゃんはまだお人形やぬいぐるみと遊ぶことはできませんが、このような遊びは赤ちゃんの心に想像する力を養うチャンスになります。また赤ちゃんにコップでジュースを飲ませるのはむずかしいのですが、こういう遊びのとき、お母さんが自分でしてみせたり、お人形やぬいぐるみに飲ませるジェスチャーをするのが赤ちゃんにコップを使わせるコツです。

6. テント遊び

大きなシーツで赤ちゃんが2、3人入れるようなキャンプ用テントをつくります。その中に赤ちゃんたちを入れておもちゃで遊ぶ時間を与えます。他の赤ちゃんと触れ合ったり、おもちゃを取られたりして嫌悪感を示すこともありますが、逆におもちゃを相手に譲り渡すことで気持ちの分けあいも感じるようになります。このような集団遊びを通して、赤ちゃんはお友達と遊ぶ面白さを理解し始めます。

9か月目
手助けを必要とするとき

父親の役割

年上の子が、立ち上がろうとする赤ちゃんをわざと倒したり、父親の膝の上で遊んでいる赤ちゃんを押しのけたりすることがあります。時には残酷なほど意地悪をする子もいて、兄弟喧嘩が頭痛の種になります。そしてその子を必要以上にしかったり、上の子どもからの攻撃から赤ちゃんをかばおうとする親が多いのです。しかし兄弟喧嘩は少々乱暴に見えてもそのままにしておくのが、一番よい解決法です。赤ちゃんは上の子の荒っぽい攻撃や保護から他人の感情を学ぶとともに、自分を守る方法と他人に協力する意味も理解するのです。このような状況が生じたときこそ、お父さんが上の子どものエネルギーの吸収役をかってでてあげてください。

［パパと遊ぼう］

お父さんと遊んでいた赤ちゃんが、他のことに興味を移してその場から逃げ出そうとするとき、つかまえた！と両足をつかんで引き戻すような遊びを繰り返します。赤ちゃんの始めてのゲーム遊びです。

おもちゃの選び方・遊び方

［はじめての積み木おもちゃ］

遊びの基本は、積み木から始まり、積み木に終わるといわれるぐらい、積み木は遊びの基本です。お母さんの多くは積み木は教育的という考えが強く、積み上げさせることに熱心ですが、並べたり、積んだり、くずしたりする自由な遊び方からはじめてください。素材は木製、ビニール製、布地製などいろいろあります。

選び方のコツ：文字やキャラクターが印刷されていないもの。あまり重くなく手のひらよりも大きめのもの。

安全性：赤ちゃんの指や手を傷つけないもの。

遊び方：まずお母さんが並べたり、積んだり、くずして遊びを見せてあげます。あとは赤ちゃん自身に任せて下さい。

10か月目

自意識の発達

お座りからハイハイ、そして立ち上がる動作が簡単にできるようになりました。またベッドの柵につかまって伝い歩きもするようになります。そんなとき片手はベッドにつかまってもう一方の手におもちゃや小物を握っていることがあります。これは手をそれぞれ違ったやり方でつかうことを知った結果といえます。このように身体的な動きが活発になると、乳離れも始まります。一方で赤ちゃんのイヤが始まります。お母さんは当惑しますが、赤ちゃんにはまだイヤの意味はわかってないのです。おそらく赤ちゃんの首の動きが早くから視線を横に動かすことに慣れていたために、ハイと首を縦に振るより楽なためでしょう。もしイヤが連発されるようなら、しばらく赤ちゃんの思いどおりにさせてから、お母さんがしてほしいことを伝えましょう。このような意志がはっきり出てくるのは、赤ちゃんは自分自身に対する自覚を持ち始めたからといえるのです。お母さんがスプーンで食べさせようとするとき、自分で食べると主張するのも同じです。このような赤ちゃんの意志の芽生えは大事にしてあげたいのですが、時間がかかったりまわりを汚したりするので、お母さんとしては、つい自分で赤ちゃんの口にスプーンを持って行ってしまいます。こんなとき、赤ちゃんにもスプーンをもたせ、自分の口に持っていかせるようにします。そして赤ちゃんがスプーンを口から放した瞬間に、さっと食べ物を赤ちゃんの口にいれます。すると赤ちゃんは自分で食べたという実感をもち、しだいにスプーンの使い方を身につけます。

［習慣としつけ］

　イヤという動作の裏に隠された意味は、ぼくのもの、私のものという自意識が発達してきた証拠でもあるのです。これまでは兄弟のおもちゃと自分のおもちゃの区別なく遊んでいましたが、しだいに好みのおもちゃが決まってきて、たくさんのおもちゃのなかからえらぶようになってきます。一見わがままにみえますが、これは自我の成長に欠かすことのできないエネルギーです。一人一人の大切なおもちゃを所有してもよい頃になったのです。

さあ、遊びましょう!

1. おやすみ、ぬいぐるみさん

夜や昼寝のときにスムーズに眠りにはいるよう、部屋の明かりを薄暗くし、かるく揺さぶって話しかけたり、ぬいぐるみを与えたりすると効果的です。ベッドでぬいぐるみを抱かせてあげると、赤ちゃんは話しかけたり、世話をしてあげようとしたりします。これはお母さんから与えられた愛情をそのまま表現しているのです。

2. 物まね遊び

赤ちゃんと物まね遊びをします。手をたたく、口をとがらせる、頭をふる、おなかをなでる、足をひろげる、帽子をかぶるなどの物まねを赤ちゃんとすることによって、赤ちゃんの他者に対する観察力が鋭くなります。またこういう遊びを通して、日常生活の習慣、歯を磨く、スプーンを持つ、服を着るなどという動作を学んでいくのです。

3. 貴方の目はどこ?

人形を見せて、お人形の目はどこ?とたずね、赤ちゃんの手を人形の目に持っていきます。同じように頭や口をたずねます。それから赤ちゃんの目や頭について同じようにたずねます。このように対象を人形から自分自身へと移すことができたら、赤ちゃんが間違いなく人形と自分とは別物だと意識している証拠です。頭はどこ?とたずねたとき、赤ちゃんが答えるのをいやがったり、不快な顔をするときもありますが、これは人形という命のない存在と自分とは別物だと知っている表現なのですから、決して失望しないで下さい。

4. ブブブ、ブブー

厚紙か画用紙で作った筒を使い、赤ちゃんに話しかけます。赤ちゃんはブブブ、ブブーという声の変化に強い関心をしめします。つぎに赤ちゃんに筒を渡すとお母さんのまねをして同じように声を出します。

5. 電話ごっこ

電話は赤ちゃんには限りなく魅力のあるおもちゃです。親が電話をかける姿をじっとみています。本物の電話機のプラグを抜いて、赤ちゃんのおもちゃとして遊ばせるのもよいアイディアです。会話というコミニュケーションの方法を学び取るチャンスでもあるし、言葉の練習にもなります。

6. おやつはどこだ?

同じ色の四角い箱を2つ、丸い箱を1つ用意します。そして丸い箱の中におやつを入れて、どの箱に入っているかみつけさせます。赤ちゃんの記憶力の練習になるとともに物の保存性、つまり姿が見えなくても消えてなくならないという、思考力の基本を養うことにもなります。

10か月目
自意識の発達

赤ちゃんと遊んでいますか、とたずねると、たいていの父親は、はいと答えます。さらにどんな遊びか問うと、お風呂にいれること、という返事が大半です。お父さんが赤ちゃんとゆっくりお風呂にはいることで、お母さんが夕食の準備をしたり、洗濯物のかたづけができる時間を作ってあげられるのです。

父親の役割

[パパと遊ぼう]

お風呂にはいるとき、使わなくなったプラスチックの器にたくさん穴をあけたものにお湯をいれて、赤ちゃんの頭から「雨、雨、ふれ、ふれ」とかけてあげます。このような遊びを充分にしてあげると、頭を洗われることにそれほどの恐怖感を感じなくなります。

おもちゃの選び方・遊び方

［大切な分身、お人形］

人形は女の子だけではなく、男の子にとっても必要なおもちゃです。人形遊びによって赤ちゃんは感情や情緒的な喜びを知るのです。目鼻立ちのはっきりした顔つきの人形よりもややあいまいな顔つきのほうが感情やイメージを投入しやすいようです。

選び方のコツ：人形の手や足を握ったとき、ちょうど赤ちゃんの手足の筋肉の弾みとよく似た感覚のもの。けばけばしい飾りのないもの。

安全性：アトピーなどの子どもに配慮が払われた自然素材が多く使われているもの。

遊び方：お母さんが人形に話しかけたり、抱っこしたりして、人形を大事に扱う様子をみせてあげます。

11か月目

自我の芽生え

赤ちゃんは立つのがうまくなって、部屋のなかでも、食事のときも、お風呂のなかでも立っています。お医者さんでも立って診察を受けている姿をみかけることもあります。赤ちゃんは立つだけではなく、しゃがんだり、からだを前に傾けたりできます。そのため手にもったおもちゃを床に落としてから、再び拾い上げるのも簡単にできるようになりました。

赤ちゃんがおもちゃを落としたり投げたりするのは、自分と物との距離感や奥行きを学んでいるのです。赤ちゃんを椅子に座らせ、おもちゃを持たせると、わざわざ床に落としてそれを見ながら、アーアーと声を出します。忙しいお母さんにしてみれば、時としてイライラしますが、赤ちゃんが学習しているのだと思えば、気が楽になります。

身体的な発達だけでなく、親の意思、特にダメという禁止の意味も分かってくるようになります。お母さんからダメという言葉を引き出すために、あえて悪戯のような動作を繰り返すことすらあります。赤ちゃんが母親の意思を感じとるようになれば、いよいよ本格的なしつけの時期と考えてください。心理学的な実験によると、赤ちゃんに命令や禁止の罰を加えれば、加えるほど、聞き分けが悪くなるという結果がでています。逆に母親が赤ちゃんに自由な意思を与えたほうが、赤ちゃんが自分の気持ちをコントロールしたという結果がでています。母親が感受性が豊かで、赤ちゃんの気持ちをくみとって、そのリズムにあわせてあげると、素直に母親の意思に従うようです。赤ちゃんと遊びを通じて気持ちを充分交流させることが、今後のしつけに大きく反映するといえましょう。

［習慣としつけ］

靴下を脱ぐときに靴下の先を引っ張りながら、お母さんに見てくれ、と要求したり、ミルクを全部のみ終えたときには空のビンを振り回して、ほめられることを求めます。また台所の食器を落として大きな音をたてたりすると、慌てて隠れようとします。叱られること、ほめられることの区別がわかってきたのです。赤ちゃんが良いこと、と思ってやる行為にははっきりほめてあげましょう。反対に悪いことにははっきり禁止の意思を伝えることが大切です。しかし赤ちゃんが恐怖感を抱かないように具体的に良い悪いの見本を見せて、しかったり、ほめたりしてください。

さあ、遊びましょう！

1. おもちゃを落とす

落とすと違った反応をする、たとえばガシャンと音が出る、鈴の音がする、ぽんぽんとはねる、かたちが変わるなどの反応をしめすおもちゃを与えて下さい。赤ちゃんは自分の行為がどんな影響を与えているか、興味深く見守っています。

2. おもちゃのかくれんぼ

赤ちゃんの目の前で買い物袋や箱のなかにおもちゃを隠します。すると赤ちゃんはすぐおもちゃを取り出します。おもちゃを発見する面白さが赤ちゃんを喜ばせるのですが、そのいっぽうで箱の内と外の違いを理解させる遊びの一つです。

3. トンネル遊び

紙で作った筒のなかに、ミニカーや小さな汽車をいれます。赤ちゃんはおもちゃが見えなくなると、一瞬興味を失うかもしれませんが、筒を傾けておもちゃを出します。遊ぶにつれてどちらの方向から出てくるかをあてさせて下さい。

4. ペーパーロード

古新聞をふわりと折り曲げセロテープでとめて、真ん中に空気をいれてやや膨らませたかたちにして、床の上に道をつくります。その道の上を赤ちゃんに歩かせます。その場合お母さんは赤ちゃんの後ろから赤ちゃんの両手を握って万歳するようにうえにあげ、前に歩くように励まします。赤ちゃんはお母さんが思っている以上に、しっかりと腕や足に力を入れて歩きます。

5. 砂遊び

水や砂をおもちゃのバケツにいれて、おもちゃのスコップを渡します。はじめはスコップの扱い方をおしえますが、すぐ赤ちゃんはスコップや水をすくってはひっくり返すあそびを続けます。これは目と手の働きが協調しあってできる遊びで、何回も繰り返すことで、赤ちゃんは将来さまざまな道具を使う時の手の器用さを、準備しはじめるのです。

6. ボール遊び

すわっている赤ちゃんと向かい合って、柔らかいボールをゆっくりリズムをつけて転がし合います。そのとき歌をうたって、そのリズムにあわせるようにすると、リズム感の意味を理解するきっかけとなります。

11か月目
自我の芽生え

父親の役割

赤ちゃんは、夕方父親が帰宅するのを待っています。赤ちゃんが父親によせる愛情は、ともすれば母親に片よりがちな感情にバランスを与えます。いっぱんに父親は母親のように笑ったり、話しかけたりする事は少ないのですが、身体を使ったやや荒っぽい遊びは男の子には嬉しくてたまらないようです。

［パパと遊ぼう］

仰向けに寝たうえに腕と膝を使って、うつぶせにした赤ちゃんの肩と下半身ををしっかり支えます。飛行機だ、ブーン、ブーンといいながら、高くしたり、低くしたりします。

おもちゃの選び方・遊び方

［はじめてのパズルおもちゃ］

おもちゃ屋さんには、選ぶのに困るほどのたくさんのパズルが並んで

います。大人にも根強い人気のある遊びです。はめたり、出したりするうちに形や大きさを自然に学ぶだけに、ついむずかしいパズルを与えてしまいがちですが、はじめてのパズルはシンプルなかたちで、親しみやすいものから始めます。

選び方のコツ：学習的でないもの。簡単に分割され、取っ手がついて取りやすいもの。

安全性：バリや鋭い角のないもの。たとえ、口に入れても安全な塗料やワックスが使われているもの。

遊び方：動物や乗り物の形をしたものであれば、絵本や写真でその形を教えてあげます。また分割が二つ、三つであれば、最初は1分割だけをとりだせるようにガムテープで固定してあげると遊びやすくなります。

12か月目

最初の一人歩き

誕生1週間めの赤ちゃんの両脇を支えて、足を床につけると、赤ちゃんはバタバタと足踏みをする動作をしました。これは生まれながらに持つ反射運動でしたが、いよいよ赤ちゃんが自分の意思で歩く時がきたのです。これまでのハイハイや伝い歩きよりも、もっと自由で便利な活動ができるようになったのです。多くの赤ちゃんはある日突然歩くことを覚え、バランスをとった危なっかしい歩き方で出発します。とうぶんはぐらぐらした歩き方ですが、1週間もすれば、ずいぶん上達します。しかし自分が気に入ったものをとりにいくときは、慣れたハイハイで素早く動きます。こんな時無理にたたせようとしてはいけません。充分にハイハイが身に付いていれば、本格的に歩き出したときには、しっかりとした足つきで、例え倒れても、手が前に出て自分の身を守る反射神経が働きます。安全を見守りながら、赤ちゃんの思いのままに行動させてあげることで、赤ちゃんは自分の身を守る知恵をつけるのです。

［習慣としつけ］

歩けるようになったことで、新しい展開を得た赤ちゃんは、自我を見せ始めます。その典型的な例が食事です。食べないという行為で自我を主張する赤ちゃんに対して、まじめなお母さんほど赤ちゃんをきつく叱ったり、ときには体罰を与える人もいます。3食のうち、1食はしっかり食べてくれれば、あとはほどほどで当たり前、というくらいのゆったりした気持ちで接することです。これも赤ちゃんとうまくやっていくための知恵なのです。

さあ、遊びましょう！

1. あんよはおじょず

立ち上がった赤ちゃんは、バランスをとろうと上半身を前に傾け、それから下半身を動かそうとします。しかしすぐお尻をついてしまうことを繰り返します。赤ちゃんがたったとき、お母さんは少し手を放して距離をとってください。そして赤ちゃんが足を踏み出すよう励ましますが、決してこわがらせないようにしてください。第1歩をあきらめた赤ちゃんはまたハイハイにもどりますが、焦らず、赤ちゃんが歩き出す瞬間を楽しみに待ってください。

2. 通れるかな

障子や唐紙などの間に段ボール紙でアーチ形の屋根をつくります。ちょうど赤ちゃんがたちあがったときに頭が触れるくらいの高さです。その下を赤ちゃんにくぐらせるのですが、なかにはハイハイでくぐる赤ちゃんもいるかもしれません。こういう遊びを通して赤ちゃんは高さ、横幅などの空間認識を得るようになるのです。

3. 引っ張りおもちゃ

よく押し車を押している姿を見かけますが、赤ちゃんの姿勢が前に傾き、バランス感覚が身につきにくいようです。押すよりも引っ張る遊びのほうがおもちゃを手でコントロールしなければならない分、赤ちゃんのバランスは早く上達します。引っ張ると音が鳴ったり面白い動きをするおもちゃは赤ちゃんにやる気をおこさせます。

12か月目
最初の一人歩き

4. 大きな積み木

段ボールやソフトな素材で作られた大きな積み木を3つ、4つ積み上げさせます。ちょうど赤ちゃんが立った状態で胸のあたりまで来る高さが良いでしょう。大きさや高さの感覚を教えるとともに、赤ちゃんがやり遂げた！という達成感を与えるのに役立ちます。

5. 影遊び

部屋を薄暗くして、赤ちゃんに懐中電灯の光をあててあげると、影ができます。赤ちゃんが動いたり、おすわりするたびに変わる影を見せて、自分の身体の動きの変化にきづかせます。

6. ペグ遊び

赤ちゃんの指先がますます器用さをましてきました。棒[ペグ]を穴の中に差し込むおもちゃがあります。はじめは同じ大きさ、同じ高さの棒だけを与えて、穴の中に差し込む遊びをさせます。このような動作によって、赤ちゃんは棒を手に握る、それを穴の場所まで運ぶ、そして穴にいれるために棒を手から放すなど、手の使い方の一連の動作を学びます。

父親の役割

歩き始めるころに、赤ちゃんは、母親をしつこく求めます。お母さんの姿がちょっとみえなくなっただけで泣き叫びます。専門家が赤ちゃんのヒステリーと呼んでいるこのかんしゃくに、つい虐待的な行為を加えやすいのもこの時期です。母親への依存を少なくするためにも、お父さんが赤ちゃんとの精神的なつながりを強くしてください。

[パパと遊ぼう]

向かい合って座ったお父さんが投げるボールを新聞紙を丸めたバットで、赤ちゃんに打たせます。ボールは大きめの柔らかいボールがよいでしょう。お父さんが見本を見せて、赤ちゃんにボールをキャッチするように促してもよいでしょう。

おもちゃの選び方・遊び方

［引っ張りおもちゃ］

押して遊ぶより、引っ張って遊ぶおもちゃのほうが、選び方はむずかしいのです。引っ張ることは自分で方向をコントロールする微妙な能力が必要です。一人歩きができるだけでなく、自分の身体のバランスとおもちゃを誘導する運動を同時に行なう練習なのです。

選び方のコツ：どっしりした重みのあるほうが安心して引っ張ることができます。またおもちゃの動きかたが面白いものほど、繰り返してやる気がおこります。

安全性：安定性のあるもの。

遊び方：まだ一人歩きを怖がるようなときは、片手を持って一緒に歩きながら、おもちゃを引っ張ってあげてください。

あとがき

「赤ちゃんを育てることで一番困ることは何ですか?」と、講演会の席上でたずねたことがありました。会場の若いママは共通して、オムツ・授乳・排泄・お風呂・そして夜泣きの世話の大変さ、ではなくて、赤ちゃんが〃しゃべってくれない〃ことだといいます。一瞬オヤっと思ったのですが、彼女たちも、赤ちゃんがまだ話さないことは知っています。赤ちゃんが何を言いたいのかが分からない、という悩みでした。たしかに若いママたちの言い分も分かるような気がします。〃だって、赤ちゃんが生まれるまで、人形の赤ちゃんで練習しただけで、抱いた経験がない〃し、何より困るのは〃何を求めているのかが分からない〃からつい、いけないと思いながら叱ってしまうことだといいます。子どもを産めば自然と赤ちゃんの抱き方やあやし方が、母親の気持ちに湧き起こるものではなくて、子どもとつき合うには、「見る」「まねる」それに少しの「実践」も必要です。母性愛と言われる「親子のキズナ」も決して自然に育つものではないと思います。

はじめてこの本が世に出て七年が過ぎました。多くの新人ママにこの本を使っていただいたことが大きな喜びでしたが、出版社の事情で絶版状態のまま数年がたちました。不思議なご縁で、この本の復活にチャンスを与えてくださったのがオクターブ社長の光本稔さんでした。時間の経過もあり、内容の鮮度も気になりましたが、編集工房花月の花月亜子さんから〝現代の母親たちが求めている答に遜色ない〟という励ましの力を与えていただきました。

赤ちゃんが何を求めているのかは、赤ちゃんと遊ぶしか方法はありません。最初から〝しゃべらない〟赤ちゃんと上手に遊べる親はいません。この本は読むよりも、使ってほしい本なのです。

二〇〇五年初夏

辻井　正

遊び上手はしつけ上手　赤ちゃん篇
悩みコクフク！子育てBOOKs ①

2005年7月20日　初版第１刷発行

著者……………………… 辻井《つじい》　正《ただし》

発行者…………………… 光本　稔

発行……………………… 株式会社 オクターブ
〒112-0002 東京都文京区小石川2丁目23-12
エスティビル小石川4F
電 話 (03) 3815-8312
FAX (03) 5842-5197

本文イラスト…………… 清水みどり
編集協力………………… 花月編集工房
印刷・製本……………… 凸版印刷株式会社

ISBN4-89231-034-4 C0037